PETIT MANUEL

A L'USAGE

DES COMMERÇANTS

POURSUIVIS

DEVANT LE TRIBUNAL DE POLICE CORRECTIONNELLE

POUR

FALSIFICATION DE BOISSONS OU DE SUBSTANCES ALIMENTAIRES

OU POUR TOUS AUTRES DÉLITS DE MÊME NATURE

PAR

ALBERT CHICHÉ

Avocat à la cour de Paris

PARIS

IMPRIMERIES RÉUNIES

2, RUE MIGNON, 2

1885

PETIT MANUEL

A L'USAGE

DES COMMERÇANTS

POURSUIVIS

DEVANT LE TRIBUNAL DE POLICE CORRECTIONNELLE

POUR

FALSIFICATION DE BOISSONS OU DE SUBSTANCES ALIMENTAIRES

OU POUR TOUS AUTRES DÉLITS DE MÊME NATURE

PAR

ALBERT CHICHÉ

Avocat à la cour de Paris

PARIS

IMPRIMERIES RÉUNIES

2, RUE MIGNON, 2

1885

PRÉFACE

Un grand nombre de commerçants sont poursuivis chaque jour devant le tribunal de police correctionnelle sous l'inculpation d'avoir falsifié le lait, le vin ou autres substances et denrées alimentaires qu'ils débitent à leurs clients. Sous le coup de pareilles poursuites, dont les conséquences peuvent être pour eux de la plus haute gravité, les malheureux qui en sont l'objet se trouvent plongés dans une anxiété d'autant plus grande, qu'à la veille de comparaître en justice, ils ignorent généralement la peine qui peut les atteindre et les moyens de défense qu'ils devront présenter pour obtenir soit un acquittement, soit tout au moins l'indulgence de leurs juges. En cas de condamnation ils ne savent ni dans quel délai, ni dans quelle forme ils ont le droit d'interjeter appel; ou bien, s'ils veulent s'incliner devant la décision qui les a frappés ils ne savent trop comment s'y prendre, soit pour payer l'amende, soit pour purger la peine corporelle qui leur a été infligée.

Ce petit manuel a pour but de tirer d'embarras, en les éclairant sur leurs droits et sur leurs obligations, cette classe particulièrement intéressante de prévenus qui, presque tous contribuables et pères de famille, n'ont été poussés à une fraude, que nous sommes du reste les premiers à blâmer, que par la nécessité de se plier aux exigences de bon marché de leurs clients, tout en faisant face aux lourdes charges qui pèsent sur eux.

Ils trouveront dans ce petit livre les quelques renseignements et conseils qui leur sont indispensables ; ils feront bien, pour le surplus, de se faire assister devant le tribunal par un avocat expérimenté dont le concours pourra leur être d'une grande utilité.

PETIT MANUEL

A L'USAGE

DES COMMERÇANTS

CHAPITRE PREMIER

TEXTES DE LOIS

Il importe avant tout de mettre sous les yeux des intéressés le texte des lois qui peuvent leur être appliquées.

Loi du 27 mars 1851.

Art. Ier. — Seront punis des peines portées par l'article 423 du code pénal : 1° Ceux qui falsifieront des substances ou denrées alimentaires ou médicamenteuses destinées à être vendues ; 2° Ceux qui vendront ou mettront en vente des substances ou denrées alimentaires ou médicamenteuses qu'ils sauront être falsifiées ou corrompues ; 3° Ceux qui auront trompé ou tenté de tromper, sur la quantité des choses livrées, les personnes auxquelles ils vendent ou achètent, soit par l'usage de faux poids ou de fausses mesures, ou d'instruments inexacts servant au pesage ou au mesurage, soit par des manœuvres ou procédés tendant à fausser l'opération du pesage ou mesurage, ou à augmenter frauduleusement le poids ou le volume de la marchandise, même avant cette opération; soit enfin par des indications frauduleuses tendant à faire croire à un pesage ou mesurage antérieur et exact.

Art. 2. — Si, dans les cas prévus par l'article 423 du code pénal ou par l'article 1 de la présente loi, il s'agit d'une marchandise contenant des mixtions nuisibles à la santé, l'amende sera de 50 à 500 francs, à moins que le quart des restitutions et dommages-intérêts n'excède cette dernière somme; l'emprisonnement sera de trois mois à deux ans. — Le présent article sera applicable même au cas ou la falsification nuisible serait connue de l'acheteur ou du consommateur.

Art. 3. — Sont punis d'une amende de 16 à 25 francs et d'un emprisonnement de six à dix jours, ou de l'une de ces deux peines seulement, ceux qui, sans motifs légitimes, auront dans leurs magasins, boutiques, ateliers ou maisons de commerce, ou dans les halles, foires ou marchés, soit des poids ou mesures faux, ou autres appareils inexacts servant au pesage ou au mesurage, soit des substances alimentaires ou médicamenteuses qu'ils sauront être falsifiées ou corrompues. — Si la substance falsifiée est nuisible à la santé, l'amende pourra être portée à 50 francs et l'emprisonnement à 15 jours.

Art. 4. — Lorsque le prévenu, convaincu de contravention à la présente loi ou à l'article 423 du code pénal, aura, dans les cinq années qui ont précédé le délit, été condamné pour infraction à la présente loi ou à l'article 423 du code pénal, la peine pourra être élevée jusqu'au double du maximum; l'amende prononcée par l'article 423 et par les articles 1 et 2 de la présente loi pourra même être portée jusqu'à 1000 francs, si la moitié des restitutions et dommages-intérêts n'excède pas cette somme; le tout, sans préjudice de l'application, s'il y a lieu, des articles 57 et 58 du code pénal.

Art. 5. — Les objets dont la vente, usage ou possession constitue le délit seront confisqués, conformément à l'article 423 et aux articles 477 et 481 du code pénal. S'ils sont propres à un usage alimentaire ou médical, le tribunal pourra les mettre à la disposition de l'administration pour être attribués aux établissements de bienfaisance. — S'ils sont impropres à cet usage ou nuisibles, les objets seront détruits ou répandus aux frais du condamné. Le tribunal pourra ordonner que la destruction ou effusion aura lieu devant l'établissement ou le domicile du condamné.

Art. 6. — Le tribunal pourra ordonner l'affiche du jugement dans les lieux qu'il désignera, et son insertion intégrale ou par extrait dans tous les journaux qu'il désignera, le tout aux frais du condamné.

Art. 7. — L'article 463 du code pénal sera applicable aux délits prévus par la présente loi.

Art. 8. — Les deux tiers du produit des amendes sont attribués aux communes dans lesquelles les délits auront été constatés.

Art. 9. — Sont abrogés les articles 475, n° 14, et 479, n° 5, du code pénal.

Loi du 5 mai 1855.

Art. 1er. — Les dispositions de la loi du 27 mars 1851 sont applicables aux boissons.

Art. 2. — L'art. 318 et le n° 6 de l'art. 475 du Code pénal sont et demeurent abrogés.

CODE PÉNAL.

Art. 423. — Quiconque aura trompé l'acheteur sur le titre des matières d'or ou d'argent, sur la qualité d'une pierre fausse vendue pour fine, sur la nature de toutes marchandises; quiconque, par usage de faux poids ou de fausses mesures, aura trompé sur la quantité des choses vendues, sera puni de l'emprisonnement pendant trois mois au moins, un an au plus, et d'une amende qui ne pourra excéder le quart des restitutions et dommages-intérêts, ni être au-dessous de 50 francs.

Les objets du délit ou leur valeur, s'ils appartiennent encore au vendeur, seront confisqués;les faux poids ou les fausses mesures seront aussi confisqués, et de plus seront brisés.

Le tribunal pourra ordonner l'affiche du jugemen dans les lieux qu'il désignera, et son insertion intégrale ou par extrait dans tous les journaux qu'il désignera, le tout aux frais du condamné.

Art. 463. — Dans tous les cas où la peine de l'emprisonnement et celle de l'amende sont prononcées par le code pénal, si les circonstances paraissent atténuantes, les tribunaux correctionnels sont autorisés, même en cas de récidive, à réduire l'emprisonnement même au-dessous de six jours et l'amende même au-dessous de 16 francs; ils pourront aussi prononcer séparément l'une ou l'autre de ces peines, et même substituer l'amende à l'emprisonnement, sans qu'en aucun cas elle puisse être au-dessous des peines de simple police.

CHAPITRE II

Nous allons étudier maintenant séparément chacun des délits prévus et punis par les textes ci-dessus; nous examinerons les éléments qui les constituent, les peines qui leur sont applicables, et les modifications que peuvent apporter à ces peines les circonstances atténuantes ou la récidive.

§ 1.

Falsification de boissons ou de substances ou denrées alimentaires ou médicamenteuses destinées à être vendues, à l'aide de mixtions non nuisibles à la santé.

On entend par falsification, dans le sens de la loi, tout mélange frauduleux qui tend à détériorer la boisson ou la substance alimentaire ou médicamenteuse.

Pour que le délit soit constitué il faut : 1° qu'il y ait mélange d'une substance inférieure à une autre substance supérieure en prix ; 2° que ce mélange ait été consommé dans une intention de fraude, dans le but de tromper l'acheteur. Il est bien évident que le marchand a parfaitement le droit de mettre de l'eau, par exemple, dans le lait ou dans le vin qu'il débite; il ne peut pas être poursuivi si les acheteurs savaient qu'il y avait eu mélange; il tombera au contraire sous le coup de la loi s'il a vendu, comme lait pur ou comme vin pur, du lait ou du vin additionnés d'une certaine quantité d'eau, car dans ce dernier cas il y a eu fraude, l'acheteur a été trompé. Ces principes incontestables ont été nettement énoncés dans l'exposé des motifs de la loi; on y lit en effet ceci : « On pourrait craindre que, sous prétexte de falsification, et à défaut d'une définition précise donnée à ce mot, la loi vînt à entraver certaines opérations licites de mélange et de fabrication qui sont usitées dans le commerce des vins. Il est bon par conséquent de déclarer qu'il n'est point entré dans la pensée du gouvernement qui propose la loi, ni du conseil d'État qui l'a adoptée, d'entraver en rien et de réprimer les diverses opérations légalement faites et usitées dans le commerce, qui consistent : soit à couper les vins de diverses provenances et de diverses qualités pour les améliorer, pour les conserver ou même pour donner satisfaction au goût du public ou au besoin du bon marché; — soit, suivant l'expression usitée en ce genre de commerce, à travailler les vins suivant des procédés fort divers, les uns très anciens, les autres indiqués par la science moderne; — soit à imiter par diverses combinaisons les vins étrangers. En un mot, la loi n'entend atteindre et frapper que les altérations frauduleuses faites en vue de tromper l'acheteur. Par cela même qu'il ne s'agit plus d'une contravention, mais d'un délit, la question de fraude, d'intention frauduleuse se pose nécessairement tout d'abord, et là où il n'y a pas de fraude, pas d'intention frauduleuse, le délit disparaît. »

Ainsi pour qu'il y ait délit de falsification il faut : 1° Un mélange tendant à détériorer la boisson ou la substance alimentaire ou médicamenteuse ; 2° Une intention frauduleuse ; 3° Que la boisson ou la substance alimentaire ou médicamenteuse soit destinée à être vendue. Il n'y aurait donc pas de délit si l'auteur de la falsification destinait le mélange à sa propre consommation, ou à celle de sa famille et de ses employés, ou s'il se proposait de le distribuer gratuitement.

Enfin il n'y aurait pas de délit si les boissons ou substances falsifiées étaient destinées, non pas à l'alimentation, mais à un usage industriel. C'est ce qui a été jugé dans une espèce où la farine détériorée et ne contenant que de l'amidon n'était pas destinée à l'alimentation (Cass. 15 mai 1857).

L'art. 1er de la loi du 27 mars 1851 place à côté de la falsification des denrées alimentaires, celle des denrées médicamenteuses. Cette disposition s'applique tant aux substances liquides qu'aux substances solides ; elle s'applique même aux remèdes secrets, bien que ces remèdes ne soient pas dans le commerce et que la vente en soit prohibée.

§ 2.

Vente ou mise en vente de boissons, substances ou denrées alimentaires ou médicamenteuses falsifiées ou corrompues.

La loi, après avoir incriminé la falsification des boissons, substances ou denrées alimentaires ou médicamenteuses destinées à être vendues, incrimine également ceux qui vendront ou mettront en vente les boissons, substances ou denrées alimentaires ou médicamenteuses qu'ils sauront être falsifiées ou corrompues. Il suffit de lire le texte de la loi pour se rendre compte immédiatement qu'elle ne punit ceux qui auront vendu ou mis en vente les boissons ou denrées falsifiées ou corrompues qu'à la condition bien formelle qu'ils savaient que ces boissons, denrées ou substances étaient corrompues, et c'est au ministère public qu'incombe de faire la preuve de cette connaissance de la part du vendeur.

§ 3.

Tromperie sur la quantité de la marchandise à l'aide de faux poids, de fausses mesures ou par tout autre moyen.

La loi ne punit pas seulement ceux qui trompent sur la qualité de la marchandise; elle atteint également ceux qui trompent sur la quantité des choses vendues à l'aide de faux poids ou de fausses mesures.

Ce délit ne peut être constitué que par le concours de trois conditions ; il faut : 1° que le vendeur ait eu l'intention de tromper, la pensée frauduleuse ; 2° que la tromperie ait porté sur la quantité des choses vendues ; 3° que le moyen employé ait été soit l'emploi de faux poids ou de fausses mesures, soit des manœuvres tendant à fausser l'opération du pesage ou du mesurage, soit des indications frauduleuses tendant à faire croire à un pesage ou mesurage antérieur et exact. De simples mensonges seraient insuffisants pour constituer le délit.

L'acheteur qui tromperait le vendeur à l'aide des moyens que nous venons d'indiquer tomberait également sous le coup de la loi.

La simple tentative est ici assimilée au délit consommé.

Il est hors de doute, bien que ce point ait été un instant contesté, que la loi atteint aussi bien le fabricant qui trompe le détaillant sur la quantité des marchandises, que le détaillant qui trompe le consommateur.

Peu importe que la tromperie ait eu lieu à l'aide de faux poids ou à l'aide de fausses balances ; le délit est le même car la conséquence est identique.

§ 4.

Peines applicables aux délits qui font l'objet des trois précédents paragraphes.

Les délits dont nous venons de nous occuper, à savoir : 1° falsification, à l'aide de mixtions non nuisibles à la santé, de boissons, de substances ou de denrées alimentaires ou médicamenteuses destinées à être vendues; 2° vente ou mise en vente de boissons ou denrées falsifiées ou corrompues; 3° tromperie sur la quantité de la marchandise à l'aide de faux poids, de fausses mesures, etc.; ces trois délits, disons-nous, sont punis de la même peine; cette peine est de trois mois de prison au moins, un an au plus, et d'une amende qui ne pourra excéder le quart des restitutions et dommages-intérêts, ni être au-dessous de 50 francs. La loi prononce en outre la confiscation des objets du délit; de plus le tribunal peut ordonner l'affiche du jugement à la porte du commerçant, et son insertion intégrale ou par extrait dans tous les journaux qu'il désignera, aux frais du condamné.

La loi, comme on le voit, est sévère; mais heureusement qu'elle peut être, et qu'elle est presque toujours mitigée par l'application de l'article 463 du Code pénal, si le tribunal admet des circonstauces atténuantes en faveur du prévenu.

Par l'admission des circonstances atténuantes, le tribunal peut, non seulement éviter au prévenu la peine si désagréable et si déshonorante de l'affichage et de l'insertion dans les journaux, mais même ne lui appliquer qu'une légère amende inférieure à 16 francs.

On voit quelle immense latitude est laissée à l'appréciation des magistrats, puisqu'ils peuvent n'infliger au prévenu qu'une amende qui peut descendre jusqu'à 1 franc, ou au contraire élever la peine à une forte amende, en y joignant une année de prison, l'affichage du jugement et son insertion dans plusieurs journaux

Il serait trop long d'énumérer ici toutes les circonstances qui peuvent amener le tribunal à se montrer indulgent; il prend généralement en grande considération la moralité du prévenu, le fait qu'il comparaît en justice pour la première fois, le faible degré de la falsification.

Une foule d'autres motifs particuliers à chaque affaire et à chaque prévenu, peuvent amener le tribunal à admettre dans une large mesure les circonstances atténuantes; il appartient au défenseur de faire valoir ces motifs et de disposer favorablement les juges en présentant l'affaire sous le jour le plus favorable, et le client sous le jour le plus intéressant possible.

§ 5.

Récidive.

Le prévenu est en état de récidive lorsque, dans les cinq années précédentes, il a été condamné pour les mêmes faits.

En pareil cas le maximum de la peine est de deux ans de prison et de 1000 francs d'amende.

Mais, même en cas de récidive, le tribunal, en admettant des circonstances atténuantes, peut ne prononcer qu'une simple amende.

Il est bien évident que le prévenu se trouverait dans une situation d'autant plus grave, et exposé à une peine d'autant plus sévère qu'il aurait été déjà condamné un plus grand nombre de fois.

CHAPITRE III

FALSIFICATIONS A L'AIDE DE MIXTIONS NUISIBLES A LA SANTÉ

Le délit s'aggrave lorsque les boissons, substances ou denrées alimentaires ou médicamenteuses ont été falsifiées par des mixtions nuisibles à la santé. Il importe peu, en pareil cas, que l'acheteur ou consommateur ait connu la falsification nuisible. Nous avons vu, au contraire, dans le chapitre précédent, qu'il n'y a aucun délit, lorsque l'acheteur ou consommateur n'a pas été trompé, c'est-à-dire lorsqu'il a connu le mélange dont les marchandises avaient été l'objet.

La loi prononce, dans le cas de mixtions nuisibles, une amende de 50 à 500 francs et un emprisonnement de trois mois à deux ans. Si le prévenu se trouve en état de récidive, la peine peut être élevée jusqu'au double du maximum, soit 1000 francs d'amende et quatre ans de prison. Mais, même dans le cas plus grave qui nous occupe, le tribunal a le droit, en admettant des circonstances atténuantes en faveur du prévenu, de ne lui appliquer qu'une simple amende.

Il est évident que le délit n'existera qu'autant que le prévenu aura agi sciemment, c'est-à-dire qu'autant qu'il savait que les mixtions dont il se servait étaient de nature à porter atteinte à la santé.

L'individu qui a vendu au falsificateur les substances nuisibles à la santé, sachant qu'elles étaient destinées à opérer la falsification, peut être poursuivi et puni comme complice de l'auteur du délit. C'est ce qui a été décidé par arrêt de la cour de cassation du 18 novembre 1880.

CHAPITRE IV

DÉTENTION DE FAUX POIDS, DE FAUSSES MESURES, OU DE MARCHANDISES FALSIFIÉES

L'article 3 de la loi du 27 mars 1851 prévoit la simple détention de la part des commerçants, dans leurs magasins, boutiques, ateliers ou maisons de commerce, ou dans les halles, foires ou marchés, soit de poids ou mesures faux, ou autres appareils inexacts servant au pesage ou au mesurage, soit des substances alimentaires ou médicamenteuses falsifiées ou corrompues. La détention des poids ou mesures faux fait supposer l'intention d'en faire usage; la détention des marchandises fait supposer l'intention de les vendre.

Il n'y aurait pas de délit si les poids et mesures ou si les marchandises falsifiées étaient trouvés non pas dans les magasins, mais dans la demeure particulière des commerçants, ou si ces commerçants avaient un motif légitime pour détenir dans leur magasin les poids et mesures faux, ou les marchandises corrompues.

Il est également indispensable pour l'existence du délit que le prévenu ait agi en connaissance de cause, c'est-à-dire qu'il ait su que les poids et mesures étaient faux, que les marchandises étaient corrompues ou falsifiées.

La peine applicable à ce genre de délit est une amende de 16 à 25 francs et un emprisonnement de six à dix jours. Si la substance falsifiée était nuisible à la santé, l'amende peut être portée à 50 francs et l'emprisonnement à quinze jours. S'il y a récidive, le maximum de la peine est de 50 francs d'amende et vingt jours de prison dans le premier cas, et de 100 francs d'amende et trente jours de prison si les marchandises détenues sans motif légitime étaient falsifiées à l'aide de substances nuisibles.

CHAPITRE V

COMPARUTION A L'AUDIENCE

Le prévenu, objet de poursuites à raison des faits dont nous venons de nous occuper, reçoit, au moins trois jours à l'avance, une assignation à comparaître devant le tribunal de police correctionnelle. Il est obligé de se présenter en personne pour répondre aux questions qui pourront lui être posées. Il agira prudemment en se faisant assister par un défenseur qui lui donnera d'utiles conseils, fera valoir ses moyens de défense, et pourra lui obtenir, sinon un acquittement, du moins des circonstances atténuantes dont l'effet sera de diminuer la peine.

Nous conseillons vivement au prévenu, dans son intérêt, de se présenter devant le tribunal dans une tenue décente, de répondre convenablement aux questions qui lui seront posées, de s'abstenir de donner de mauvaises raisons, de ne pas avancer des faits qui pourraient être démentis, de ne rien négliger, en un mot, de ce qui peut lui concilier l'indulgence de ses juges.

CHAPITRE VI

CONDAMNATION. — APPEL. — EXÉCUTION DU JUGEMENT

Quelle que soit la condamnation prononcée contre lui, le prévenu a le droit d'en interjeter appel dans un délai de dix jours.

La déclaration d'appel se fait au greffe du tribunal correctionnel.

L'affaire vient devant la cour un ou deux mois après cette déclaration, selon que le rôle se trouve plus ou moins chargé. Le prévenu doit se présenter en personne comme devant le tribunal. Il peut se faire assister par un défenseur.

L'appel étant suspensif, le jugement de condamnation est comme non existant, jusqu'à ce qu'il ait été confirmé par arrêt de la cour.

Le prévenu qui, pour un motif quelconque, ne se serait pas présenté au jour indiqué par l'assignation, soit devant le tribunal, soit devant la cour, et qui aurait été condamné par défaut, a le droit de former opposition au jugement ou à l'arrêt de condamnation, dans les cinq jours de la signification à sa personne ou à son domicile.

Lorsque la condamnation est devenue définitive, soit que le prévenu ait laissé passer les délais d'appel, soit que la cour en ait prononcé la confirmation, il ne reste plus au condamné qu'à subir la peine qui lui a été infligée. Pour le paiement de l'amende et des frais il recevra un bulletin l'invitant à passer au bureau des amendes. Si la peine de l'emprisonnement a été prononcée contre lui, le condamné recevra une lettre l'invitant à se rendre à la prison où il doit la subir. Il fera bien d'obéir à cette invitation, quelque désagréable qu'elle soit, pour s'éviter une arrestation plus désagréable encore.

Ajoutons, en terminant, que le prévenu a le droit de se pourvoir en cassation contre l'arrêt de la cour, mais c'est un droit dont il fera bien de n'user que dans des cas exceptionnels et pour des motifs bien déterminés.

FIN

TABLE DES MATIÈRES

	Pages
Préface	3
Chapitre Ier. — Textes de lois	5
Chapitre II. — § 1. Falsification de boissons ou de substances ou denrées alimentaires ou médicamenteuses destinées à être vendues, à l'aide de mixtions non nuisibles à la santé	10
§ 2. Vente ou mise en vente de boissons, substances ou denrées alimentaires ou médicamenteuses falsifiées ou corrompues	13
§ 3. Tromperie sur la quantité de la marchandise à l'aide de faux poids, de fausses mesures ou par tout autre moyen..	13
§ 4. Peines applicables aux délits faisant l'objet des trois précédents paragraphes	14
§ 5. Récidive	16
Chapitre III. — Falsification à l'aide de mixtions nuisibles à la santé	17
Chapitre IV. — Détention de faux poids, de fausses mesures, ou de marchandises falsifiées	19
Chapitre V. — Comparution à l'audience	21
Chapitre VI. — Condamnation. — Appel. — Exécution du jugement	22

Bourloton. — Imprimeries réunies, B.

BOURLOTON. — Imprimeries réunies, B.

www.ingramcontent.com/pod-product-compliance
Ingram Content Group UK Ltd.
Pitfield, Milton Keynes, MK11 3LW, UK
UKHW020447220726
13923UKWH00005B/2393

9 782019 660727